Duden

So schreibe ich fehlerfrei

in der Grundschule

Einfache Strategien für eine sichere Rechtschreibung

Dudenverlag
Mannheim • Zürich

Nachschlagen

Kontrollieren

Mit einfachen Strategien richtig schreiben

Diese fünf Kinder zeigen dir, wie du vorgehen musst, um Wörter selbstständig und fehlerfrei zu schreiben. Jedes Kind erklärt dir eine wichtige Rechtschreibstrategie.

Die fünf Rechtschreibstrategien heißen:

Mitsprechen – Wörter deutlich mitsprechen

Nachdenken – Über Wörter gründlich nachdenken

Merken – Wörter üben und sich merken

Nachschlagen – Wörter im Wörterbuch nachschlagen

Kontrollieren – Wörter genau kontrollieren

Um diese fünf Rechtschreibstrategien sicher und erfolgreich anwenden zu können, brauchst du sehr viel Übung. Trainiere sie also regelmäßig, zum Beispiel jeden Tag 15 Minuten.

Das Training lohnt sich. Denn danach kannst du die Strategien wie ein Werkzeug benutzen, um deine Diktate und andere Texte richtig aufzuschreiben und genau zu überprüfen.

So findest du dich in diesem Buch zurecht

Jedes der fünf Kapitel beginnt mit einer Doppelseite, auf der die Rechtschreibstrategie vorgestellt wird. Dort zeigt dir jeweils ein Kind, wie du vorgehen und was du dich fragen musst. Lies diese Seiten gründlich durch – auch die Beispiele.

Nach der Strategiedoppelseite folgen immer einige Seiten mit Übungen. Auf diesen Seiten übst du, die Rechtschreibstrategie anzuwenden.

Jedes Kapitel schließt mit einem Diktat ab. Hier kannst du prüfen, ob du die neu gelernte und geübte Strategie sicher anwenden kannst.

Die Lösungen der Übungen findest du im Lösungsteil (ab Seite 70). Vergleiche und überprüfe deine Arbeitsergebnisse damit.

Beim Training unterstützen dich die Kontrollkarte (Seite 79) und die Liste der wichtigsten Fachbegriffe (Seite 78).

Alle Wörter richtig zu schreiben, geht nicht ohne Wörterbuch. Es muss immer in deiner Nähe liegen. Welches Wörterbuch du benutzt, bleibt dir überlassen. Besonders gut zu diesem Übungsbuch passt „Das Grundschulwörterbuch“ von Duden.

Mitsprechen

Beim Schreiben leise mitzusprechen und dabei jeden Laut genau abzuhören, hilft mir, Wörter richtig zu schreiben.

Keinen Buchstaben vergessen?

Beim Aufschreiben spreche ich Laut für Laut leise mit.

die L-a-m-p-e
die O-m-a
die K-a-s-t-a-n-i-e

Gibt es im Wort ein **r**, das schwer zu hören ist?

schwa**r**z, wi**r**klich, der Ste**r**n, das Wo**r**t, der Stu**r**m

Höre ich am Wortanfang mehrere Konsonanten?

der **Br**uder, **bl**eiben, der **Dr**achen, **dr**üben, **gr**au, **pfl**anzen, **gl**att, der **Str**auch, **schl**echt

Lange Wörter gliedern

Ich gliedere die Wörter in Silben und höre sie ab.

die Ro bo ter spra che
die Scho ko la den fa brik
die Ba na nen scha le

Ein Laut – mehrere Buchstaben

spielen, der **Sp**agat – **sp, Sp**
stehen, der **St**ern – **st, St**
quer, die **Qu**al – **qu, Qu**
no**ch**, ni**ch**t – **ch**
fa**ng**en – **ng**

B/b oder P/p? D/d oder T/t? G/g oder K/k?

danken	**t**anken
der **B**all	der **P**ilot
der **D**ieb	das **T**ier
die **G**irlande	die **K**asse
buddeln	**p**addeln
glauben	**k**aufen

Keinen Buchstaben vergessen?

Ich muss beim Schreiben auf die Reihenfolge der Buchstaben genau achten und darf keinen Buchstaben zu viel oder zu wenig aufschreiben.

› Ich schreibe Buchstabe für Buchstabe auf und spreche dabei leise mit.

M E L O N E N K E R N E

M E _ _ _ _ _ _ _ _ _ _

K Ä S E T O R T E N B O D E N

G E M Ü S E K I S T E

_ _ _ _ _ _ _ _ _ _ _

_ _ _ _ _ _ _ _ _ _ _ _ _ _ _

E L E F A N T E N K I N D E R

_ _ _ _ _ _ _ _ _ _ _ _ _ _ _

G A R T E N B L U M E N E R D E

_ _ _ _ _ _ _ _ _ _ _ _ _ _ _ _

R Ä D E R N E G A W R E D N I K

R E G E N W O L K E N

_ _ _ _ _ _ _ _ _ _ _

_ _ _ _ _ _ _ _ _ _ _ _ _ _ _ _

Keinen Buchstaben vergessen?

› Ich lese den Satz, der in der Schlange steht, und übertrage ihn Buchstabe für Buchstabe in die Kästchen.

Keinen Buchstaben vergessen?

› Ich lese jedes Wort genau und streiche die überflüssigen Buchstaben durch. In die Kästchen trage ich die Wörter verbessert ein. Die überflüssigen Buchstaben ergeben ein Lösungswort.

Oskar hat einyen Kanaorienvogel. Er heißt Caruso.

Er zwitschgert und trillert den ganezen Tag.

Er ist ein toller Sängerl. Oft singt er sehr klaut.

Heuäte hat er sofgar versucht, den Staubisauger zu übertöngen.

e i n e n

Das Lösungswort heißt: V ____________

Keinen Buchstaben vergessen?

› Ich schreibe die Buchstaben in der richtigen Reihenfolge in die Kästchen und spreche deutlich mit.

R	A	M	B	U	R	C	H
A	R	M					

T	O	R	P	F	N	E

B	O	R	T

G	A	U	R

G	A	T	R	E	N

S	T	A	R	N	D

Z	T	O	R	I	N	E

Ü	G	R	N	P	F	L	N	A	Z	E

S	I	E	G	R	E	K	A	R	N	Z

L	A	D	N	A	K	R	T	E

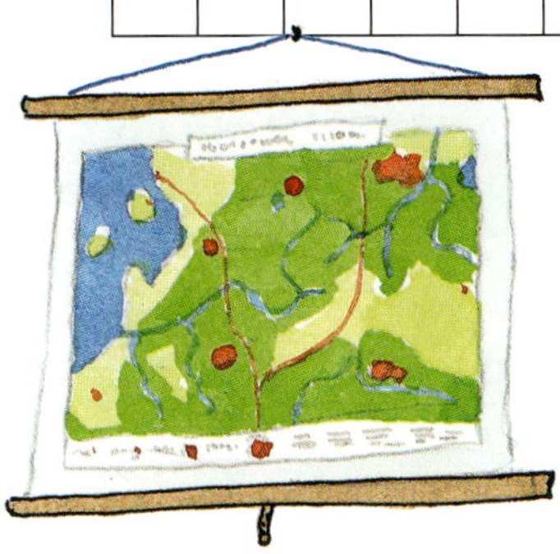

P	I	K	A	R	O	S	E

Lange Wörter gliedern

Lange Wörter kann ich besser aufschreiben, wenn ich sie beim Schreiben langsam in Silben mitspreche.

› Ich male unter jedes Wort Silbenbögen und schreibe dann die Wörter in Silben getrennt daneben.

Wolkenkratzer Wol-ken-krat-zer

Kartoffelpuffer ______

Regenbogenfarben ______

Apfelkuchenduft ______

Benzinkanister ______

Sommersprossen ______

Sandkastenkinder ______

Klassenkasse ______

Feuersalamander ______

Waschmaschinengeräusche ______

______

Elefantenkinder ______

Kinderwagenräder ______

Lange Wörter gliedern

› Ich schreibe die Silben der Wörter auf und spreche dabei deutlich mit.

Scho

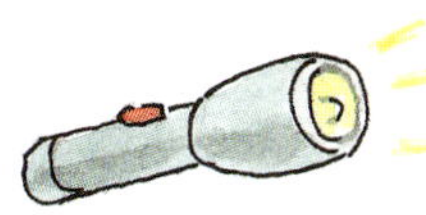

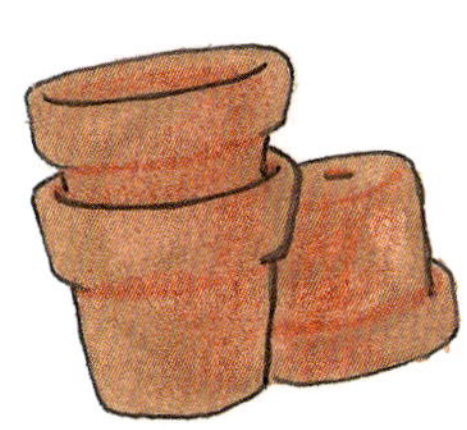

Lange Wörter gliedern

› Ich setze die Silben zu sinnvollen Wörtern zusammen und schreibe sie mit Silbenbögen auf.

~~Ka~~	hö	To	Kel	Blu
sup	men	Ba	Nu	pe
cker	va	ler	sa	trep
se	de	ma	del	lat
mel	müt	pe	ten	ze

Ka

Ein Laut – mehrere Buchstaben

Mitsprechen

Ich achte besonders auf Laute, die anders gesprochen als geschrieben werden.

Ich spreche (schp), (scht), (kw).

Ich schreibe **Sp/sp, St/st, Qu/qu.**

› Ich suche die Wörter mit **Sp/sp, St/st** und **Qu/qu** am Wortanfang und schreibe sie auf. Danach färbe ich die Anlaute ein.

	Q					S						
Q	U	A	D	R	A	T			S			
	E					E			P		S	
	L		Q	U	A	R	K		R		P	
	L					N			A		I	
	E								C		N	
				S	P	R	E	C	H	E	N	
				P					E		E	
	S	P	R	I	T	Z	E	N				
	P			E					Q	U	I	Z
	O			L					U			
	R			E			Q	U	A	K	E	N
S	T	E	I	N					L			
									M			

spritzen,

B/b oder P/p? D/d oder T/t? G/g oder K/k?

Dach und **T**al, **G**locke und **K**ran, **B**rot und **P**aket klingen am Wortanfang sehr ähnlich.
Beim Mitsprechen achte ich auf den Luftstrom.
Ich mache die Pusteprobe.

› Ich sehe mir die Bilder an und spreche jedes Wort deutlich aus. Ich überprüfe mit der Pusteprobe.
Ich streiche durch, was nicht dazugehört.

Wasseralarm

Im Zirkus gehen Elefantenkinder im Kreis.

Sie holen mit den Rüsseln Hüte aus den Kisten.

Die Zylinder werfen sie zu den Affen.

Der Zirkusdirektor und sein Helfer stellen ein Becken auf.

Jetzt bespritzen die Elefanten die Zuschauer mit Wasser.

Mara und Hanna sitzen auf der Tribüne.

Sie schreien laut und klatschen.

So wird mein Diktat ein Erfolg!

1. Ich überlege, was im Text steht.
2. Ich lese die Sätze laut und deutlich.
3. Ich spreche jedes Wort langsam Silbe für Silbe und male dabei die Silbenbögen.
4. Ich decke jeden Satz ab und schreibe ihn auswendig auf. Dabei achte ich darauf, dass ich kein Wort und keinen Buchstaben vergessen habe.
5. Ich lasse mir den Text diktieren.

Nachdenken

Nachdenken und Knobeln helfen mir, wenn ich nicht genau weiß, wie ein Wort geschrieben wird.

Ich schaue mir das Problem an und entscheide dann.

Groß oder klein?

Ist das Wort ein Nomen?

der **T**isch, die **T**anne, ein **V**ogel, die **B**elohnung, die **K**indheit, die **T**raurigkeit, die **K**inder

Ein Eigenname?

Heidelberg, **L**uisa, **D**eutschland

Beginnt ein neuer Satz?

Er singt. **D**as Pferd frisst.

Dann schreibe ich das Wort am Wortanfang mit einem Großbuchstaben.

b oder p, d oder t, g oder k?

Kann ich das Wort verlängern, um den Laut besser zu hören?

die Hand – die Hän**d**e

mutig – muti**g**er

du schreibst – schrei**b**en

Ein oder zwei Konsonanten?

Höre ich einen langen oder einen kurzen Vokal?

die Hüte oder die Hütte

die Miete oder die Mitte

der Ofen oder offen

das Kabel oder der Kasten

Nach einem kurzen Vokal folgen meistens zwei Konsonanten.

ä oder e, äu oder eu?

Kenne ich ein verwandtes Wort mit **a** oder **au**?

die Äste – der **A**st
sie träumt – der Tr**au**m
er läuft – l**au**fen
die Länder – das L**a**nd
länger – l**a**ng
schnäuzen – die Schn**au**ze

Verschiedene Wortbausteine?

Kann ich das Wort in seine Teile zerlegen?

Treffen zwei gleiche Buchstaben aufeinander?

ver | lauf | en
fröh | lich
Frei | heit

Vor | rat
ab | brech | en

Groß oder klein?

› Nomen werden großgeschrieben.
Für ein Nomen gibt es Beweise. Ich suche sie und verbinde.

Kann ich anfassen

Kann ich fühlen oder empfinden

die Wut
die Katze
der Schmerz
die Wolke
der Spaß
die Kälte
die Liebe
die Ferien
Weihnachten
der Stern
die Tulpe
die Überraschung
der Hunger
der Unfall
die Freude
der Sieg

Kann ich sehen oder zählen

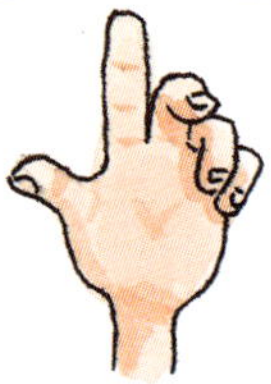

Kann ich mir vorstellen

Groß oder klein?

› Ich kreuze die passenden Merkmale an.

	Ist ein Eigenname	Kann mit Artikel stehen	Kann in der Einzahl und Mehrzahl stehen	Enthält den Wortbaustein -keit, -heit oder -ung
Schmidt	X			
viel				
Eltern				
Franziska				
Freiheit				
rund				
Ärger				
Ewigkeit				
Obst				
Enttäuschung				
hell				
Wüste				
verliebt				
Holz				

Groß oder klein?

› Ich untersuche den Text. Welche Wörter werden großgeschrieben?
Ich kontrolliere und berichtige den Text und unterstreiche die Nomen.

freude im hasenkäfig

nike freut sich auf ihre beiden hasen. in den ferien hat oma auf sie aufgepasst. sie steht schon vor der tür und ruft: „komm schnell rein, mit deiner mimi ist etwas passiert!“ nikes herz klopft. sie kriegt angst. ist mimi krank? nike rennt ins haus und läuft zum käfig. aber der ist leer. da bewegt sich das heu. „oh, wie süß! so eine überraschung!“, ruft nike begeistert. oma grinst und fragt: „darf ich eines der hasenbabys behalten?“

Diese Fragen stelle ich mir:

Kann ich mit dem Wort die Mehrzahl bilden?

Kann ich mit dem Wort einen Menschen, ein Tier, eine Pflanze, einen Gegenstand oder ein Gefühl bezeichnen?

Ist das Wort ein Eigenname?

Ist das Wort ein Nomen?

Hat das Wort einen Wortbaustein: heit keit ung?

Gibt es für das Wort einen Artikel?

Steht das Wort nach einem Punkt oder Doppelpunkt?

Steht das Wort am Satzanfang?

b oder p, d oder t, g oder k?

Ich höre den Laut am Ende eines Wortes oder einer Silbe besser, wenn ich das Wort verlängere.

› Ich suche die richtigen Wörter und setze sie ein. Ich überprüfe die Schreibweise der Nomen, indem ich die Mehrzahl bilde.

Im Hof bellt ein ____________.

Hun de

Womit fange ich kleine Fische?

Mit einem ____________.

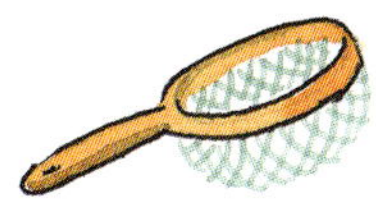

____ ____

An diesem Auto fehlt

ein ____________.

____ ____

Die ____________ steht auf

einem hohen ____________.

____ ____

____ ____

Hinter dem Baum steht

ein ____________.

____ ____

Die Mannschaft feierte

ausgelassen ihren ____________.

____ ____

Zieh dir ein sauberes

____________ an!

____ ____

Nicht jeden ____________

kann man mit Wasser löschen.

____ ____

Es war ein turbulenter

____________.

____ ____

Haltet den ____________!

____ ____

b oder p, d oder t, g oder k?

› Personalformen eines Verbs verlängere ich, indem ich die Grundform bilde. Ich trage ein.

Er flog davon.	kommt von	flie gen	also	g
Hilli übt.	kommt von	______ ______	also	
Ich blieb.	kommt von	______ ______	also	
Du schiebst.	kommt von	______ ______	also	
Hanna schrieb.	kommt von	______ ______	also	
Paul mag mich.	kommt von	______ ______	also	
Das Kitz saugt.	kommt von	______ ______	also	
Zoe zeigt es uns.	kommt von	______ ______	also	

› Adjektive verlängere ich, indem ich die 1. Vergleichsstufe bilde. Ich trage sie ein.

~~klug~~
wild
blond
fremd
trüb
mild
mutig
gesund
lästig

______ ______ ______   ______ ______

______ ______ ______

klü ger

______ ______

______ ______ ______

______ ______

______ ______   ______ ______

b oder p, d oder t, g oder k?

› Ich untersuche die Wörter, verlängere sie und kreuze die geeignete Verlängerungsprobe an.

	Mehrzahl bilden	Grundform bilden	Vergleichsstufe bilden
rund			X
es klebt			
der Ausflug			
schräg			
das Pferd			
sie lag			
du trägst			
der Rand			
sie fragte			
wund			
sie log			
der Korb			
lieb			
grob			
der Tag			

Ein oder zwei Konsonanten?

Der Vokal in einer betonten Silbe wird lang oder kurz gesprochen. Genau hinzuhören, hilft mir beim Schreiben. Denn nach einem kurz gesprochenen Vokal folgen mindestens zwei Konsonanten.

› Ich spreche die Wörter deutlich und überprüfe: Ist der betonte Vokal kurz oder lang?

Ich färbe das Wort in der entsprechenden Farbe ein und ergänze die Silbenbögen.

Wolke
Hütte
treten
Katze
Schale
schwimmen
Ofen
Schiffe
trennen
Tante
stolpern
Kabel
offen
Miete
Regen
Biene
Käfer
fassen
blöken
baden
Fenster
Gänse
Welle
Träne
Hüte
Flöte
leben
Kinder

Ein oder zwei Konsonanten?

Nachdenken

› Ich benenne das Bild und entscheide, ob nach dem kurzen Vokal zwei gleiche oder zwei verschiedene Konsonanten folgen. Ich kreuze die richtige Spalte an und schreibe danach das Wort mit Silbenbögen auf.

	Zwei verschiedene Konsonanten	Zwei gleiche Konsonanten	Wort
		X	Tel ler

ä oder e, äu oder eu?

Die Laute **ä** und **e** und die Laute **äu** und **eu** klingen ähnlich. Beim Schreiben helfe ich mir, indem ich verwandte Wörter mit **a** oder **au** suche.

› Ich untersuche jedes Wort mit **ä** oder **äu** und verbinde es mit dem verwandten Wort mit **a** oder **au**.

- die Räuberhöhle
- der Träumer
- die Räuber
- träumerisch
- räumlich
- erkältet
- das Räumchen
- die Kälte
- das Rätsel
- aufgeklärt
- der Verräter
- erklären

- rauben
- der Traum
- kalt
- der Raum
- raten
- klar

- verträumt
- räuberisch
- die Erkältung
- der Kälteeinbruch
- die Räuberbande
- träumen
- aufräumen
- die Kläranlage
- die Rätselecke
- die Wohnräume
- rätselhaft
- die Erklärung

ä oder e, äu oder eu?

› Ich suche zu jedem markierten Wort ein verwandtes Wort mit **a** oder **au** und schreibe es auf.

Der alte Räuber lebt in einer ärmlichen Hütte. rauben, ____________

Er sammelt täglich Äste für sein Feuer im ____________

Ofen. Trotzdem leidet er unter der Kälte. ____________

Deshalb trägt er immer seinen alten Mantel. ____________

Weil er ihn nie auszieht und sogar ____________

darin schläft, krabbeln schon Läuse im ____________

Mantelkragen. In den Nächten steigt der Alte ____________

über Zäune und schleicht um die Häuser ____________

der Leute. Er sucht sicher die Wärme. ____________

› Ich beschrifte das Bild.

Verschiedene Wortbausteine

Wörter bestehen aus verschiedenen Teilen. Es hilft mir fürs richtige Schreiben, sie in ihre Wortbausteine zu zerlegen.

Vorangestellte Wortbausteine sind zum Beispiel:

ver Ver Ent un an ab

vor Vor ent Un An Ab

Nachgestellte Wortbausteine sind zum Beispiel:

ig lich isch ung en heit keit

› Ich zerlege die Wörter in ihre Wortbausteine. Dazu markiere ich vorangestellte Wortbausteine grün, nachgestellte blau.

das Vertrauen | das Unglück | verlieren

unfair | die Fröhlichkeit | die Ankunft

entdecken | vernünftig | verliebt

das Vorurteil | die Enttäuschung | die Empfehlung

vorwärts | die Abfahrt | annehmen | mutig

die Freiheit | ehrlich | verschwenderisch | abseits

Verschiedene Wortbausteine

› Ich trenne den vorangestellten Wortbaustein mit einem Strich ab.

Vo**rr**at | ve**rr**egnet | au**ss**prechen

a**bb**rechen | A**nn**ahmestelle | Au**ff**ahrt

Ve**rr**enkung | b**ee**rdigen | a**nn**ähen

ve**rr**enken | a**nn**ehmen | Au**ss**age

Au**ss**tieg | A**bb**iegung | Vo**rr**unde

a**bb**remsen | En**tt**äuschung | b**ee**nden

B**ee**rdigung | Au**ss**icht | Ve**rr**at

a**bb**rennen

Verschiedene Wortbausteine

› Ich bilde sinnvolle Zusammensetzungen und trage sie in die Tabelle ein.

Nomen	Verben	Adjektive
die Verkleidung		

Paul schwärmt für Ritter

Paul findet das Leben im Mittelalter aufregend und spannend.

In seinen Träumen reitet, schwimmt und kämpft er

wie ein Ritter. Auch kennt er die Ritterzeit gut:

Die Söhne der Ritter wurden damals fast alle zum Knappen ausgebildet.

Sie stellten Waffen her, lernten zu kämpfen und zu jagen.

Jeder Knappe musste einem Ritter dienen und sich

sehr anstrengen. Wenn ein Knappe besonders mutig war

und seine Ausbildung erfolgreich beendet hatte,

wurde er feierlich zum Ritter geschlagen.

Darauf konnte er stolz sein.

So wird mein Diktat ein Erfolg!

1. Ich überlege, was im Text steht.
2. Ich untersuche jedes Wort, hinter dem eine Denkblase steht.
   Welche Strategien helfen mir, das Wort richtig zu schreiben?
   Ich färbe die Denkblasen in den entsprechenden Farben ein.
   : Verlängern
   : Verwandte suchen
   : Zerlegen
   : Den langen und kurzen Vokal unterscheiden

3. Ich lasse mir den Text diktieren.

Merken

Manche Wörter muss ich mir merken. Dazu muss ich sie mir mehrmals genau anschauen, richtig abschreiben, auswendig aufschreiben und kontrollieren. Das Merken fällt mir leichter, wenn ich verschiedene Techniken anwende.

Üben mit Merkhilfen

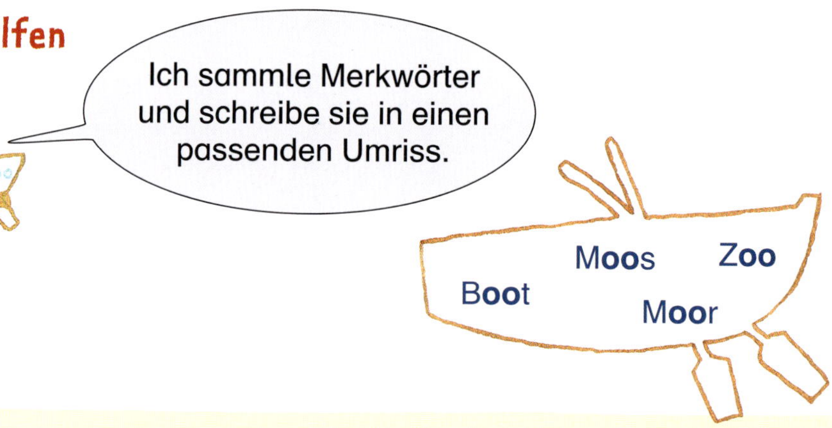

Üben mit Merkzetteln

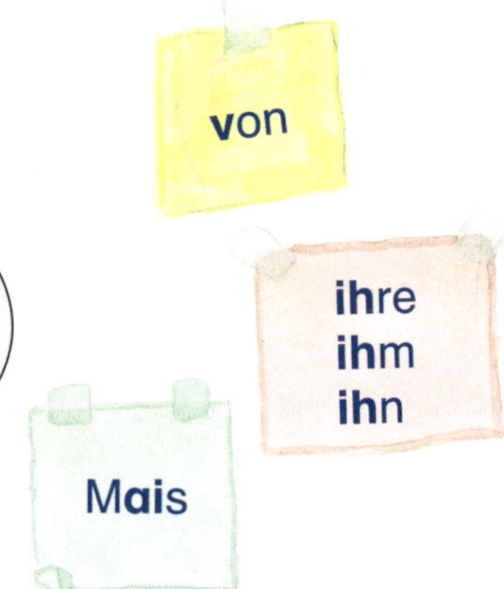

Üben mit dem Lernplakat

Üben mit der Lernkartei

Ich schreibe Merkwörter auf Karteikarten und ordne sie in meine Lernkartei ein.

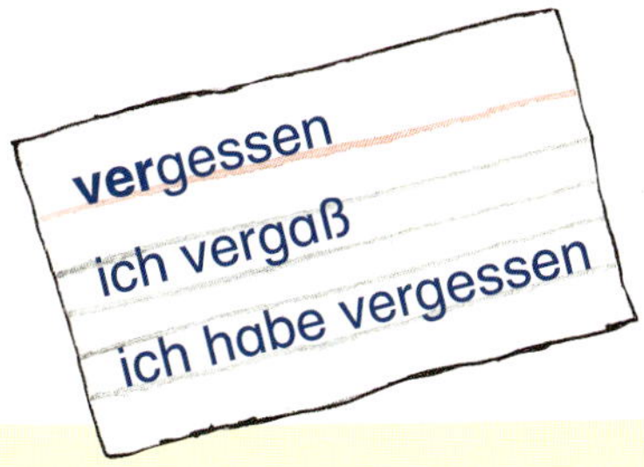

Üben mit dem Merkheft

Ich sammle Wörter mit schwierigen Lauten oder Buchstabenverbindungen in einem Heft.

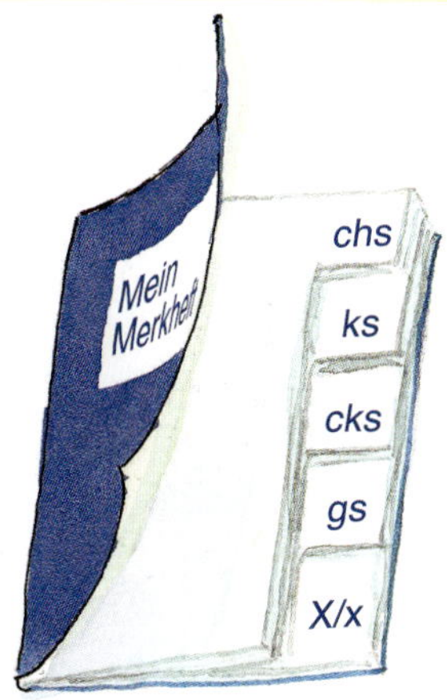

Üben mit Reimen und Eselsbrücken

Ich erfinde Reime und lustige Sprüche mit Merkwörtern und lerne sie auswendig.

Den **Tiger** sprich mit langem **i**,
jedoch mit **ie** schreib ihn nie.

Üben mit Merkhilfen

Wenn ich Merkwörter in passende Umrisse einordne, kann ich sie mir besser merken.

› Ich schaue jedes Wort genau an. Danach decke ich das Wort ab und schreibe es in den passenden Umriss.

Haar Staat ~~Klee~~ Schnee

Paar Beere

See Aas

Beet Teer

Saal Heer

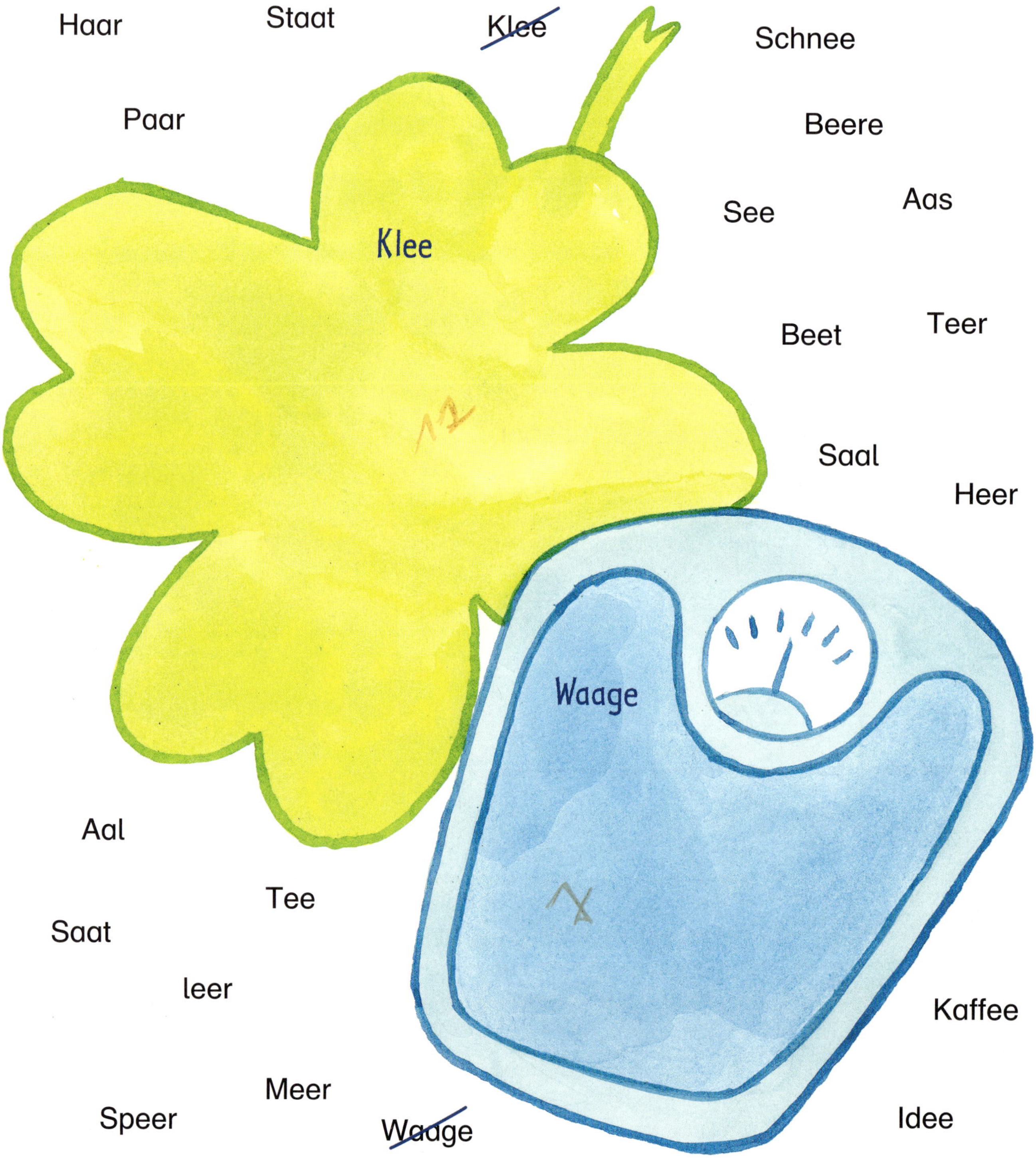

Aal

Tee

Saat

leer

Kaffee

Meer

Speer ~~Waage~~ Idee

Üben mit Merkzetteln

Ich habe verschiedene Möglichkeiten, Merkwörter auf kleine Zettel zu schreiben und sie mir damit einzuprägen.

› Ich probiere verschiedene Techniken aus.

Hai
Kaiser
Mais
Laich
Mai

Ich schreibe jedes Merkwort in unterschiedlicher Farbe und Größe auf.

ihr
ihm
ihn

Ich schreibe jedes Merkwort dreimal in verschiedenen Schriften auf.

Gut sichtbar aufhängen!

Vogel
Vater
voll
von
viel
vier
Vieh

Ich schreibe Merkwörter auf den Rahmen eines passenden Bildes.

Üben mit dem Lernplakat

Jedes Mal, wenn ich das Lernplakat sehe, werde ich an meine Lernwörter erinnert.

› Ich schreibe die Lernwörter geordnet auf und hänge das Plakat gut sichtbar auf.

auszählen	~~Zähler~~	Zahlwort	Zahlung	auszahlen
zählbar	zahlreich	Zahlungsmittel		Zahlenfolge
bezahlen	verzählen	unzählig	abzählen	zahllos
Einzahl	Nachbarzahl	zählen		Zahlenkombination

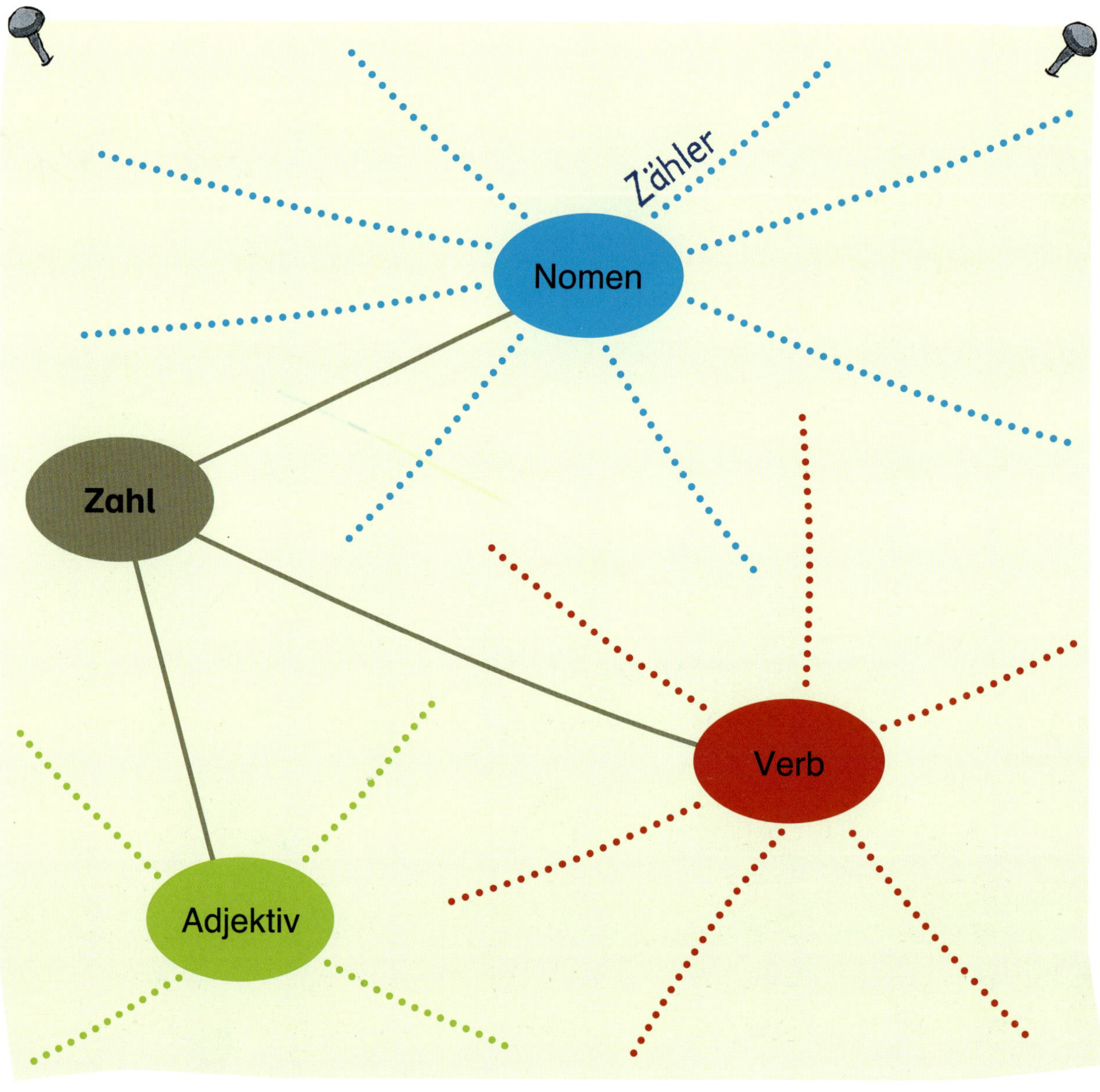

Üben mit dem Lernplakat

Merken

› Ich schreibe die Merkwörter mit Dehnungs-h geordnet auf das Lernplakat.

~~Stuhl~~	froh	Floh	mehr	Gefahr
nehmen	Höhle	zehn	Hahn	Uhr
wohnen	Lehrerin	Jahr	Verkehr	Bühne
ohne	fühlen	ähnlich	berühmt	kahl
Bohne	Söhne	früh	ehrlich	wählen

Üben mit der Lernkartei

Auf meine Karteikarten schreibe ich zu den Merkwörtern verwandte Formen auf. So kann ich mir die Merkwörter besser merken.

› Ich lege Karteikarten an.

Ich schreibe alle sechs Personalformen auf.

verlieren

ich verliere

du

Ich schreibe die Mehrzahl und verwandte Wörter auf.

der Vorhang

Ich schreibe die 1. und 2. Vergleichsstufe und verwandte Wörter auf.

zahm

Üben mit dem Merkheft

Ich sammle in einem Merkheft Merkwörter mit schwierigen Lauten. Diese kann ich mit einer Wörterliste trainieren.

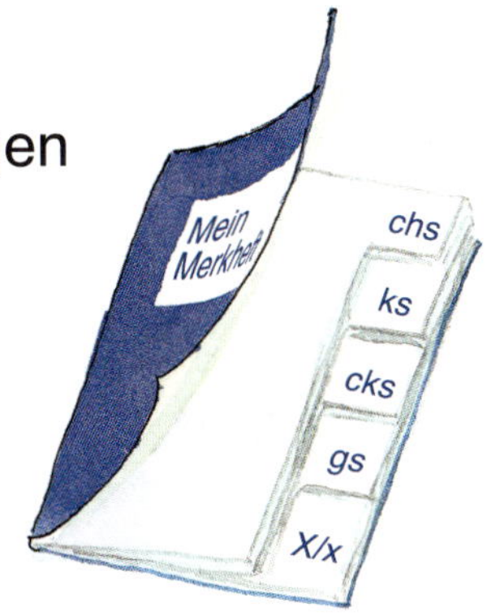

› Ich schreibe die Wörter ab. Anschließend decke ich sie nacheinander zu und schreibe sie auswendig auf.

Merkwörter	abschreiben	auswendig aufschreiben
das Xylofon		
die Axt		
der Mixer		
der Experte		
explodieren		
extra		
die Hexe		
mixen		
die Nixe		
die Praxis		
das Taxi		
der Text		
der Boxer		
die X-Beine		

Kontrolliere genau!

Üben mit Reimen und Eselsbrücken

Reime und Eselsbrücken helfen mir, etwas zu behalten.

› Ich suche das passende Reimwort und lerne den Spruch auswendig.

Doppel-**a**, das ist doch klar,
sind in **Waage**, **Haar** und ______________.

Saal
Paar
Staat
Aal
Aas

Fibel
Tiger
Brise
Nische
Kino
Igel

Den ______________ sprich mit langem **i**,
jedoch mit **ie** schreib ihn nie.

Wir kecken Schnecken spielen gern ______________.
Hinter hohem Gras und ______________
sind wir schwer nur zu ______________.

entdecken
lecker
Verstecken
erschrecken
Hecken
meckern

Tiefe Gefühle

Gefühl
vier
Mädchen
Ohr
verraten
Lehrerin
Text
verlieben

In der vierten Klasse ist etwas los.

Die Mädchen tuscheln.

Sie flüstern sich etwas ins Ohr.

Keiner verrät das Geheimnis.

Die Lehrerin schlägt die Tafel auf.

Da steht der Text:

Robin ist in Nele verliebt.

So wird mein Diktat ein Erfolg!

1. Ich überlege, was im Text steht.
2. Ich übe die Merkwörter auf unterschiedliche Weise.
3. Ich merke mir einen Satz, decke ihn ab und schreibe ihn auswendig darunter.
4. Ich lasse mir den Text diktieren.

Kontrolliere genau!

Nachschlagen

Nachschlagen im Wörterbuch hilft mir, wenn ich unsicher bin, wie ein Wort geschrieben wird.

Vorne? In der Mitte? Hinten?

In welchem Teil des Wörterbuchs finde ich den Anfangsbuchstaben meines Wortes?

Kasper
K suche ich in der Mitte des Wörterbuchs.

Der zweite Buchstabe? Der dritte Buchstabe?

Welches ist der zweite Buchstabe und welche Buchstaben folgen?

Kasper steht nach **Kaserne,**
denn **p** kommt nach **e.**

Einen Nebeneintrag finden

Unter welchem Haupteintrag könnte das Wort stehen?

Schlagsahne finde ich unter **schlagen.**
Fischstäbchen finde ich unter **Fisch.**
Und **regnerisch** finde ich unter **Regen.**

V oder F? V oder W? C oder K? Ph oder F?

An welchen Stellen kann ich suchen, wenn ich nicht weiß, wie das Wort am Anfang geschrieben wird?

Vase finde ich bei **V,** nicht bei **W.**
Vogel finde ich bei **V,** nicht bei **F.**
Clown finde ich bei **C,** nicht bei **K.**
Pharao finde ich bei **Ph,** nicht bei **F.**

Für einige Laute gibt es verschiedene Schreibmöglichkeiten. Deshalb suche ich nach der richtigen Schreibweise an verschiedenen Stellen.

Eine veränderte Form

Wo suche ich?

Nomen suche ich in der Einzahl. — die Öfen – der Ofen

Verben suche ich in der Grundform. — sie aß – essen

Adjektive suche ich in der Grundstufe. — größer – groß

Nicht alle Formen eines Wortes finde ich im Wörterbuch.

Ein zusammengesetztes Wort

Aus welchen Wörtern ist das Wort zusammengesetzt? Ich zerlege es und suche jedes Wort einzeln.

schneeweiß – der Schnee, weiß
der Gemüsegarten – das Gemüse, der Garten
vorgehen – vor, gehen

Vorne? In der Mitte? Hinten?

Im Wörterbuch sind die Wörter nach dem Alphabet geordnet.
Wenn ich das Abc gut kenne, fällt mir das Nachschlagen leichter.

› Ich ergänze das Alphabet. Danach wähle ich ein Thema für ein Abc aus und suche zu jedem Buchstaben ein Wort, das zum Thema passt.

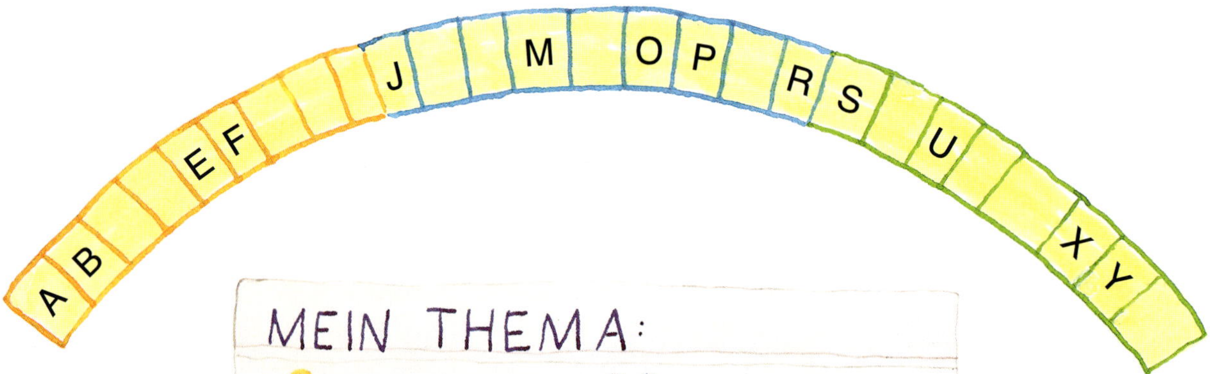

MEIN THEMA:

A	N
B	O
C	P
D	Q
E	R
F	S
G	T
H	U
I	V
J	W
K	X
L	Y
M	Z

Mädchenkram

Sport

Technik

Jungenkram

Tiere

Vorne? In der Mitte? Hinten?

› Ich benenne das Bild, merke mir den ersten Buchstaben des Wortes und frage mich:
Steht der Buchstabe vorne, in der Mitte oder hinten im Alphabet?
Ich entscheide und kreuze an.

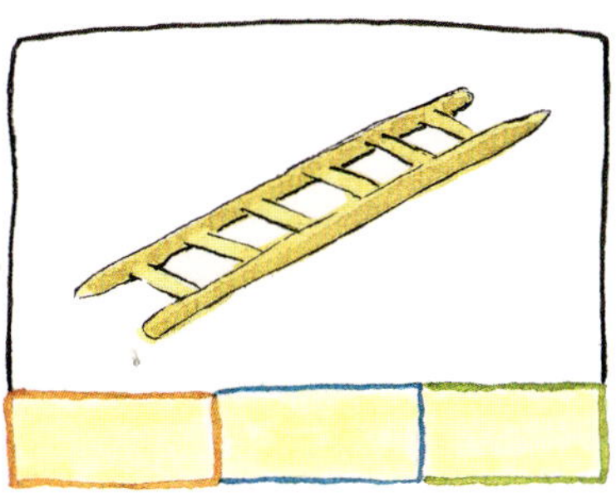

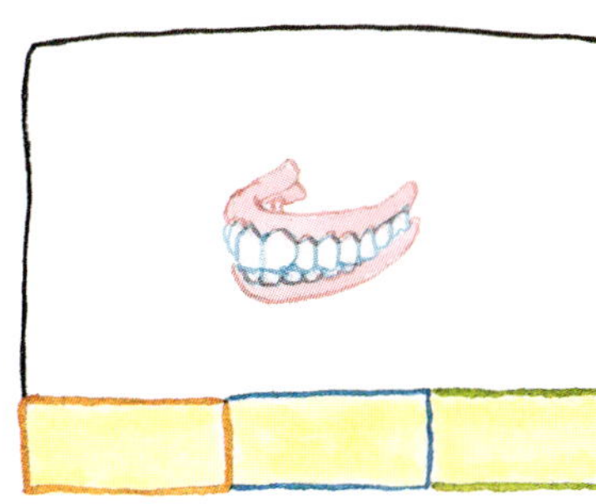

Vorne? In der Mitte? Hinten?

› Ich schreibe die Wörter nach dem Abc geordnet auf, suche sie der Reihe nach im Wörterbuch und trage die Seitenzahl ein.

ungeordnet	nach dem Abc geordnet	Seitenzahl
das Huhn	die Angst	13
der Ofen		
lieben		
die Angst		
der Traum		
doof		
das Schloss		
die Mütze		
verlieren		
hierher		
nach		
das U-Boot		
der Schiedsrichter		
das Klavier		

Der zweite Buchstabe? Der dritte Buchstabe?

Bei gleichem Anfangsbuchstaben achte ich auf den zweiten und die nachfolgenden Buchstaben.

› Ich trage die Wörter an der richtigen Stelle ein. Anschließend kontrolliere ich die Reihenfolge im Wörterbuch.

~~Pudel~~ · Puls · pummelig · Pulver · pusten · Punkt · Puppe · Puffer · Püree

Pudding		
	← Pudel	✓
Puder		
	←	☐
Pullover		
	←	☐
Pult		
	←	☐
Puma		
	←	☐
pumpen		
	←	☐
Pupille		
	←	☐
pur		
	←	☐
purzeln		
	←	☐

Einen Nebeneintrag finden

Manche Wörter stehen nur als Nebeneintrag im Wörterbuch, weil sie zu der Wortfamilie des Wortes im Haupteintrag gehören.
Die Haupteinträge sind **fett gedruckt.**

› Ich verbinde die Nebeneinträge mit dem passenden Haupteintrag und kontrolliere im Wörterbuch.

- hochkant
- am höchsten
- reisefertig
- das Reisebüro
- wässrig
- die Länge
- der Reiseführer
- länglich
- hochnäsig
- wasserdicht

- **lang**
- **reisen**
- das **Wasser**
- **hoch**

- längst
- das Hochwasser
- das Reisefieber
- der Wasserfall
- der Hochstapler
- wasserscheu
- der Langlauf
- der Wasserhahn
- die Reise
- die Wasser-verschmutzung

V oder F? V oder W? C oder K? Ph oder F?

Für manche Laute gibt es verschiedene Schreibmöglichkeiten.
Ich suche deshalb an verschiedenen Stellen im Wörterbuch.

› Ich entscheide mich für die richtige Schreibweise und kontrolliere im Wörterbuch.

Suche ich unter **V/v** oder **F/f**?

f ort	○	⊗
__erlieren	○	○
__ogel	○	○
__reude	○	○
__olk	○	○

Suche ich unter **V** oder **W**?

__ideo	○	○
__ampir	○	○
__eizen	○	○
__affel	○	○
__ase	○	○

Suche ich unter **C** oder **K**?

__lown	○	○
__arussell	○	○
__omic	○	○
__okosnuss	○	○
__ampingplatz	○	○

Suche ich unter **Ph** oder **F**?

____arao	○	○
____ontäne	○	○
____antom	○	○
____ilz	○	○
____ysik	○	○

Eine veränderte Form

Die Personalform eines Verbs suche ich im Wörterbuch unter der Grundform des Verbs.

› Ich bilde die Grundform und schreibe sie auf. Dann suche ich die Grundform im Wörterbuch und suche dort den Nebeneintrag. Ich schreibe die Seitenzahl auf.

Personalform	Grundform	Seitenzahl
du liest	lesen	95
sie zog		
ich habe gewusst		
er kam		
er aß		
sie waren gekrochen		
er flog		
du siehst		
sie tritt		
ich saß		
er wusch		
sie hatte gefroren		
er fing		
sie vergaß		

Eine veränderte Form

Adjektive suche ich im Wörterbuch in der Grundstufe.

› Ich schreibe die Grundstufe der markierten Adjektive auf und suche sie im Wörterbuch.

Viele, viele Rekorde

Das größte Auge hat der Riesentintenfisch. g r o ß

Der Kaumuskel ist der kräftigste Muskel des Menschen.

868 Jugendliche schlugen gemeinsam den riesigsten Purzelbaum.

Einer der ältesten Buchstaben ist das O.

Den längsten Schluckauf hatte ein Mann. Er litt 69 Jahre und 5 Monate darunter.

Der höchste Baum ist der Rieseneukalyptus.

Der tiefste deutsche See ist der Bodensee.

Die kleinsten Nester bauen die Kolibris. Sie sind etwa halb so groß wie eine Walnuss.

Die dicksten Dinosaurier waren die Ankylosauriden.

Der beste Taucher ist der Pottwal.

Eine veränderte Form

› Ich verbinde die Nomen, Adjektive und Verbformen mit der Form, unter der ich sie im Wörterbuch finde.

das Hühnchen

die Ärztin

sie empfahl

das Lätzchen

er bog

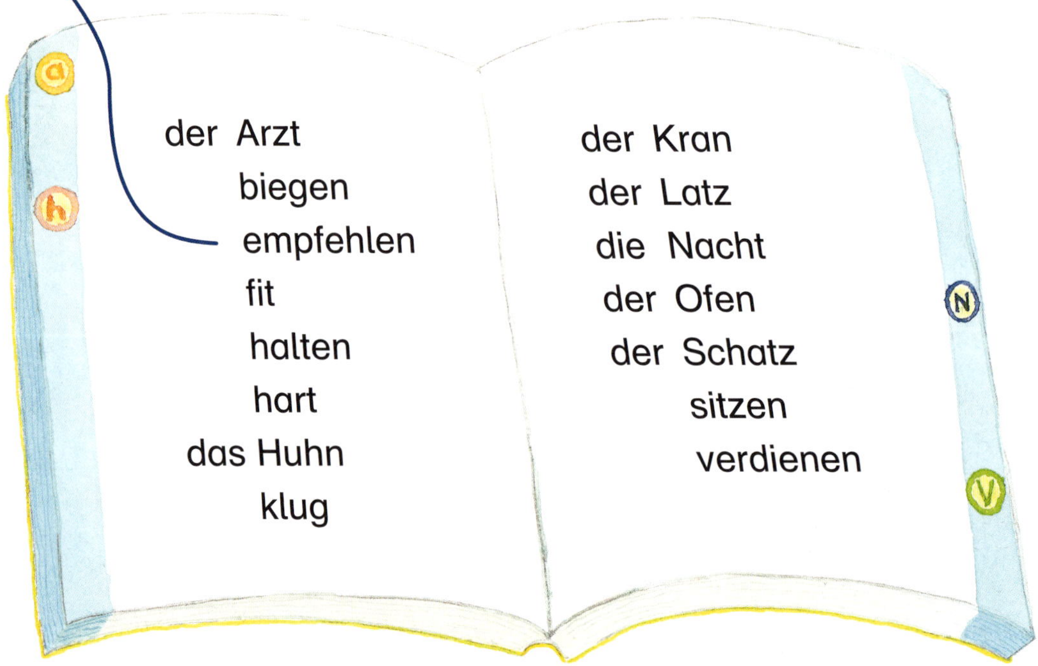

fitter

sie hielt

am klügsten

die Nächte

härter

die Kräne

die Öfen

du verdienst

ich habe gesessen

die Schätze

Ein zusammengesetztes Wort

Nicht alle zusammengesetzten Wörter stehen im Wörterbuch. Wenn ich das Wort in seine Teile zerlege, kann ich jeden Teil einzeln nachschlagen.

› Ich zerlege die Wörter.

SOMMER|REISE|ZIELE

HIMBEERMARMELADENGLASSCHERBEN

SONNENSCHUTZCREMETUBENDECKEL

HANDBALLWELTMEISTER

SPEISEQUARKABLAUFDATUM

LIEBESLIEDERABEND

MEERSCHWEINCHENFELLFARBE

Ein zusammengesetztes Wort

› Ich zerlege jedes Wort in die Teile, nach denen ich im Wörterbuch suchen muss. Ich trage die Seitenzahlen ein.

Zimt|stern	
S. 197	S. 155

eiskalt	

Absprung	

Löwenmähne	

Waldweg	

kleinkariert	

Hinterradbremse		

Windeleimerdeckel		

Meerwasserbecken		

Buntspecht	

Kopfsteinpflaster		

giftgrün	

honiggelb	

Scheibenwischanlage		

Feuersalamander	

Unterwassertaucher		

Ein zusammengesetztes Wort

Nicht alle Wörter mit Vorsilben stehen im Wörterbuch. Wenn ich eins nicht finde, suche ich das passende Grundwort.

› Ich überprüfe, ob das zusammengesetzte Wort in meinem Wörterbuch steht. Wenn nicht, dann suche ich das Grundwort.

			ja	nein	
ver	schmieren	finde ich	○	☒	schmieren
Um	leitung	finde ich	☒	○	
Ent	warnung	finde ich	○	○	
los	lassen	finde ich	○	○	
Ab	fahrt	finde ich	○	○	
ver	schieben	finde ich	○	○	
Zu	fahrt	finde ich	○	○	
ent	erben	finde ich	○	○	
zer	fließen	finde ich	○	○	
ent	führen	finde ich	○	○	
um	leiten	finde ich	○	○	
auf	stehen	finde ich	○	○	
Zu	fall	finde ich	○	○	
un	gemütlich	finde ich	○	○	
ver	irren	finde ich	○	○	
zu	zwinkern	finde ich	○	○	

Schwierige Wörter

Schwierige Wörter schlage ich immer wieder nach und prüfe, ob ich sie richtig geschrieben habe.

› Ich benenne die Bilder, suche im Wörterbuch die Wörter dazu und schreibe sie auf.

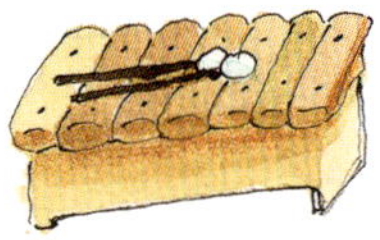

Xylofon

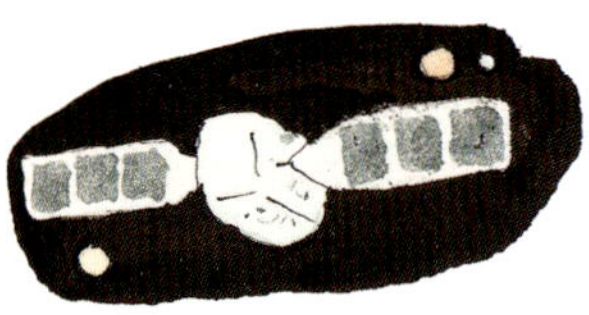

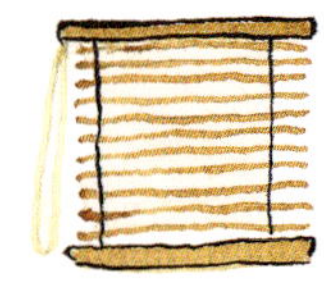

4 Freunde im Zoo

Zuerst kommen die Freunde an einem Gehege mit einem  und drei  vorbei. Das Zebra ist nicht längs, sondern  gestreift. Lange schauen sie dem  Emil zu, wie er immer wieder auf dem 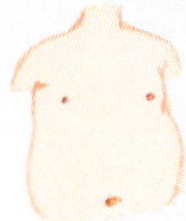 ins Wasser schlittert. Im  schwimmt eine große . Im Reptilienhaus sehen sie eine 10 Meter lange . Mit ihrer  fühlt und riecht sie.

So wird mein Diktat ein Erfolg!

1. Ich überlege, was im Text steht.
2. Ich suche im Wörterbuch die fehlenden Wörter und schreibe sie richtig auf.

4	______________		______________
	______________		______________
	______________	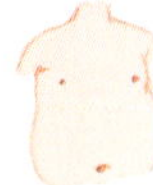	______________
	______________		______________
10	______________		______________
	______________		

3. Ich lasse mir den Text diktieren.

Kontrollieren

Was ich geschrieben habe, muss ich kontrollieren.
Wenn ich Fehler entdecke, muss ich die Wörter verbessern.

Wie kontrollieren?

Diktate und eigene Texte?

Ich lese meinen Text nach dem Schreiben noch einmal genau durch.

Fehlt ein Buchstabe?
Fehlt ein Wort?
Fehlt ein Satzzeichen?

Ich decke den Text ab und kontrolliere Wort für Wort, auch rückwärts.

Fehlt ein Buchstabe?
Stimmt die Reihenfolge der Buchstaben?

Ich kennzeichne die Wörter, bei denen ich unsicher bin.

Wo ist meine Thermosflasche?

Ich suche nach einer Strategie.

Hilft mir die Verlängerungsprobe?
Hilft es mir, das Wort zu zerlegen?
Kenne ich ein verwandtes Wort?

Ich schlage im Wörterbuch nach.

Thermosflasche

Lösungen vergleichen

Wo finde ich die Lösungen?

Habe ich Wort für Wort mit den Lösungen verglichen?

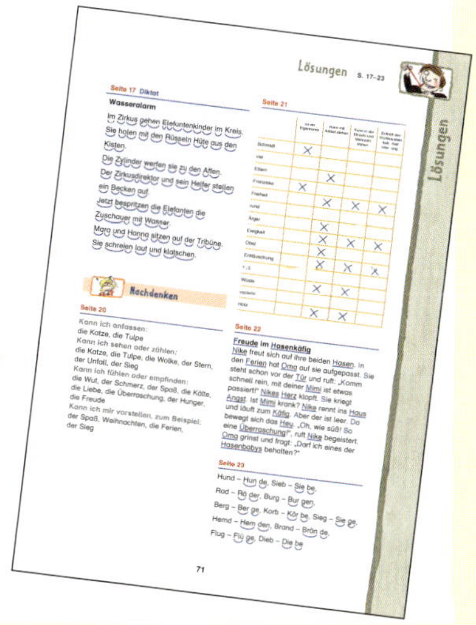

Wie verbessern?

Fehler entdeckt?

Einen ausgelassenen Buchstaben?

r
Mein Kateikasten

Ein fehlendes Wort?

dem
steht auf Schrank.

Ein falsch geschriebenes Wort?

vergessen
Ich habe ihn ~~fergessen~~.

Ein fehlendes Satzzeichen?

Ich muss ihn mir holen. Er ...

Kontrollieren

Wie kontrollieren?

Wenn ich etwas aufgeschrieben habe, muss ich es genau kontrollieren und mit meiner Vorlage vergleichen. Dabei hilft mir die Kontrollkarte (siehe Seite 79).

› Ich lese jeweils einen Satz, decke ihn ab und schreibe ihn auswendig auf.

1. Oskar liest gern.
2. Er geht oft in die Stadtbücherei.
3. Am liebsten mag er spannende Geschichten.
4. Oskar liest den Klappentext eines Buches.
5. Dieser Krimi gefällt ihm.
6. Jetzt muss er nur noch seinen Leseausweis zeigen.
7. Aber den hat er zu Hause vergessen.

1. ______________________________

2. ______________________________

3. ______________________________

4. ______________________________

5. ______________________________

6. ______________________________
____

7. ______________________________

› Jetzt lese ich meinen Text mit der Kontrollkarte Wort für Wort: einmal von vorne und einmal von hinten. Ich füge ausgelassene Buchstaben und Wörter ein.
Falsch geschriebene Wörter schreibe ich noch einmal richtig auf:

____

Wie kontrollieren?

Regelwissen und Strategien helfen mir, wenn ich meinen Text überprüfen will.

› Ich schaue die falsch geschriebenen Wörter genau an, denke nach und schreibe sie richtig hinter die passende Rechtschreibhilfe.

Das geteilte Zimmer

Emma und Tina teilen sich ein Zimmer. Oft ärgert sich Emma über die ~~unordnung~~ ihrer Schwester. Tinas Bücher und Spielsachen sind über das ganze Zimmer ~~ferstreut~~. Ihr buntes ~~Sommerkleit~~ liegt unter dem Bett und im Regal stehen die schmutzigen Schuhe. Nie ~~reumt~~ Tina auf. Da hat Emma eine ~~Ide~~. Sie nimmt ihr Springseil und legt es mitten ins Zimmer. Diese Grenze darf nicht ~~überschriten~~ werden. Da klingelt Emmas Freundin an der Tür. Wie soll Emma jetzt aus dem Zimmer kommen?

Ich verlängere das Wort, um den Laut am Ende des Wortes besser zu hören. ____________________

Ich entscheide: kurzer oder langer Vokal? Auf einen kurzen Vokal folgen meistens zwei Konsonanten. ____________________

Wörter mit dem Wortbaustein ung sind Nomen. Ich schreibe sie groß. ____________________

Ich suche ein verwandtes Wort mit **au.** ____________________

Ich zerlege das Wort. Den Wortbaustein ver muss ich mir merken. ____________________

Wörter mit doppeltem Vokal muss ich mir merken. ____________________

Lösungen vergleichen

Ich suche, wo die Lösungen stehen. Dann vergleiche ich mein Ergebnis Wort für Wort und Satz für Satz mit den Lösungen.

› Ich vergleiche die bearbeitete Übungsaufgabe mit der entsprechenden Lösung und markiere, was noch verbessert werden muss.

6. 11. 2008

Lieber Herr Lehmann,

die ganze Klasse 4 findet es toll, dass wir ~~ihren~~ Ihren Verlag besuchen dürfen. Wir sind sehr gespannt, was sie uns über die Herstellung ~~ihrer~~ Ihrer Tageszeitung erzählen und zeigen können.

Wir werden am Montag, den 17. 11. 2008, pünktlich um 15 Uhr in ihrer Redaktion sein. Besonders interessiert uns, wie die Sportseiten entstehen und woher sie die passenden Bilder bekommen.

Wir werden ihnen aufmerksam zuhören.

Viele Grüße

Nils Bucher und die Kinder der Klasse 4

der Pestalozzischule

6. 11. 2008

Lieber Herr Lehmann,

die ganze Klasse 4 findet es toll, dass wir ~~ihren~~ Ihren Verlag besuchen dürfen. Wir sind sehr gespannt, was ~~sie~~ Sie uns über die Herstellung ~~ihrer~~ Ihrer Tageszeitung erzählen und zeigen können.

Wir werden am Montag, den 17. 11. 2008, pünktlich um 15 Uhr in ~~ihrer~~ Ihrer Redaktion sein. Besonders interessiert uns, wie die Sportseiten entstehen und woher ~~sie~~ Sie die passenden Bilder bekommen.

Wir werden ~~ihnen~~ Ihnen aufmerksam zuhören.

Viele Grüße

Nils Bucher und die Kinder der Klasse 4

der Pestalozzischule

Wie verbessern?

Wenn ich meinen Text überarbeite, muss ich jedes Wort genau lesen, um herauszufinden, ob ein Buchstabe fehlt.

› Ich setze ein Auslassungszeichen ($\vee$), wenn ein Buchstabe fehlt, und füge ihn ein.

Büch$\overset{e}{\vee}$r

Adventskanz

Geburtstagtorte

du schimfst

Kartofflsalat

Spagelschäler

er remplt

Gaten

Briefmaken

Spingseil

Mantl

achzehn

aussuchn

Schlag nach!

Wie verbessern?

Wörter, die ich geschrieben habe, spreche ich langsam und deutlich in Silben. Dabei kann ich gut prüfen, ob alle Buchstaben aufgeschrieben sind.

› Ich setze Silbenbögen, füge die ausgelassenen Buchstaben ein und schreibe das Wort richtig auf. Dabei spreche ich in Silben mit.

Kuchengab(e)l	Kuchengabel
Wintereise	______
abbrechn	______
Kezenleuchter	______
Unterricht	______
Kellerteppe	______
Katznfutter	______
Rasemäher	______
Marmeladengas	______
Blumntopf	______
Jahresziten	______
Klassenabeitsheft	______

Wie verbessern?

Beim Kontrollieren meines Textes überprüfe ich, ob die Sätze einen Sinn ergeben.

› Ich lese genau und überlege, an welchen Stellen Wörter fehlen.
Dort setze ich ein Auslassungszeichen, das ich nummeriere.
Bei den Wörtern ergänze ich die dazugehörigen Zahlen.

Der Wasserfrosch lebt ständig im und am Wasser. Ab Oktober verkriecht V[1] sich tief in Laub und Schlamm. Er bleibt dort mehrere V bewegungslos liegen. In dieser Zeit er nichts. Die Luft zum Atmen nimmt er die Haut auf. Seine Winterruhe endet im Frühling. Die ersten warmen Tage verwandeln den starren Frosch in ein Tier am Teich. Bald er wieder laut quaken. Dann kann man ihn den Seerosenblättern sitzen sehen und beim von Insekten beobachten.

Diese Wörter fehlen:

V[1] er
V über
V auf
V Monate
V frisst
V wird
V Jagen
V springlebendiges

Wie verbessern?

Wenn ich erkannt habe, dass ein Wort falsch geschrieben ist, streiche ich es durch und schreibe es richtig darüber.

› Jeder Satz enthält zwei Fehler. Ich suche und verbessere sie.

Viele
~~Fiele~~ Menschen halten in ihrer Wonung ein Tier. ||

Katzen und Hunde zälen zu den belibtesten Haustieren. ||

Sie sint aber nicht überal erlaubt. ||

Hamster und Meerschweinschen darf man fast in |

jeder wohnung halten. |

Welensittiche stören auch keine Nachtbarschaft. ||

Auch fische gehöhren zu den ruhigen Haustieren. ||

Gereuschlos gleiten sie druchs Wasser. ||

Aber streicheln kan man sie lieder nicht. ||

Vogelalarm

Amseln köen besonders schön singen. ____________

Am Abend sezen sie sich gern auf ____________

einen hohen Baum, auf Anteen oder ____________

Blitzableiter und flöten die schönsten Lieder.

Aber wehe, we sie Junge haben! ____________

Dann geht das Gezwischer los. ____________

Mit viel Lärm verteidigen die Amseleltern

ihre Bru. ____________

Erst wenn die Jungen flgen können, ____________

wird es wieder sti im Amselnest. ____________

So wird mein Diktat ein Erfolg!

1. Ich überlege, was im Text steht.
2. Ich schlage die unvollständigen Wörter im Wörterbuch nach und schreibe sie richtig ans Ende der jeweiligen Zeile.
3. Ich lasse mir den Text diktieren.
4. Ich kontrolliere meine Sätze mit der Kontrollkarte und verbessere sie.

Lösungen S. 8–16

Mitsprechen

Seite 8

MELONENKERNE
GEMÜSEKISTE
KÄSETORTENBODEN
ELEFANTENKINDER
GARTENBLUMENERDE
REGENWOLKEN
KINDERWAGENRÄDER

Seite 9

IM REPTILIENHAUS LEBEN
SCHLANGEN, KROKODILE
UND SCHILDKRÖTEN.

Seite 10

ein~~v~~en, Kana~~o~~rienvogel, zwitsch~~g~~ert, gan~~e~~zen, Sänger~~l~~, ~~k~~laut, heu~~d~~te, so~~f~~gar, Staub~~i~~sauger, übertön~~g~~en

einen, Kanarienvogel, zwitschert, ganzen, Sänger, laut, heute, sogar, Staubsauger, übertönen

Lösungswort: Vogelkäfig

Seite 11

ARMBRUCH, TROPFEN, BROT, GRAU, GARTEN, STRAND, ZITRONE, SIEGERKRANZ, GRÜNPFLANZE, LANDKARTE, APRIKOSE

Seite 12

Wolkenkratzer – Wol-ken-krat-zer

Kartoffelpuffer – Kar-tof-fel-puf-fer

Regenbogenfarben – Re-gen-bo-gen-far-ben

Apfelkuchenduft – Ap-fel-ku-chen-duft

Benzinkanister – Ben-zin-ka-nis-ter

Sommersprossen – Som-mer-spros-sen

Sandkastenkinder – Sand-kas-ten-kin-der

Klassenkasse – Klas-sen-kas-se

Feuersalamander – Feu-er-sa-la-man-der

Waschmaschinengeräusche –
Wasch-ma-schi-nen-ge-räu-sche

Elefantenkinder – E-le-fan-ten-kin-der

Kinderwagenräder – Kin-der-wa-gen-rä-der

Seite 13

Scho ko la de, Schmet ter ling, Hund,
Ta schen lam pe, Gi raf fe, Se gel schif fe,
Ta schen rech ner, Pup pen bet ten,
Son nen bril le, Bi ki ni ho se, Hut,
Blu men töp fe

Seite 14

Kamelhöcker

Tomatensalat

Kellertreppe

Blumenvase

Bademütze

Nudelsuppe

Seite 15

Sp/sp:
spritzen, Sport, Spinne, Sprache, sprechen, spielen
St/st:
Stern, Stein
Qu/qu:
Quelle, Quadrat, Qualm, quaken, Quiz, Quark

Seite 16

Es gehören nicht dazu:
T/t: Dachs
K/k: Glas, Glocke
P/p: Brett, Brille

Seite 17 Diktat

Wasseralarm

Im Zirkus gehen Elefantenkinder im Kreis.
Sie holen mit den Rüsseln Hüte aus den Kisten.
Die Zylinder werfen sie zu den Affen.
Der Zirkusdirektor und sein Helfer stellen ein Becken auf.
Jetzt bespritzen die Elefanten die Zuschauer mit Wasser.
Mara und Hanna sitzen auf der Tribüne.
Sie schreien laut und klatschen.

Nachdenken

Seite 20

Kann ich anfassen:
die Katze, die Tulpe
Kann ich sehen oder zählen:
die Katze, die Tulpe, die Wolke, der Stern, der Unfall, der Sieg
Kann ich fühlen oder empfinden:
die Wut, der Schmerz, der Spaß, die Kälte, die Liebe, die Überraschung, der Hunger, die Freude
Kann ich mir vorstellen, zum Beispiel:
der Spaß, Weihnachten, die Ferien, der Sieg

Seite 21

	Ist ein Eigenname	Kann mit Artikel stehen	Kann in der Einzahl und Mehrzahl stehen	Enthält den Wortbaustein -keit, -heit oder -ung
Schmidt	X			
viel				
Eltern		X		
Franziska	X			
Freiheit		X	X	X
rund				
Ärger		X		
Ewigkeit		X	X	X
Obst		X		
Enttäuschung		X	X	X
hell				
Wüste		X	X	
verliebt				
Holz		X	X	

Seite 22

Freude im Hasenkäfig
Nike freut sich auf ihre beiden Hasen. In den Ferien hat Oma auf sie aufgepasst. Sie steht schon vor der Tür und ruft: „Komm schnell rein, mit deiner Mimi ist etwas passiert!" Nikes Herz klopft. Sie kriegt Angst. Ist Mimi krank? Nike rennt ins Haus und läuft zum Käfig. Aber der ist leer. Da bewegt sich das Heu. „Oh, wie süß! So eine Überraschung!", ruft Nike begeistert. Oma grinst und fragt: „Darf ich eines der Hasenbabys behalten?"

Seite 23

Hund – Hun de, Sieb – Sie be,
Rad – Rä der, Burg – Bur gen,
Berg – Ber ge, Korb – Kör be, Sieg – Sie ge,
Hemd – Hem den, Brand – Brän de,
Flug – Flü ge, Dieb – Die be

Lösungen S. 24–28

Seite 24

flie gen	also	g
ü ben	also	b
blei ben	also	b
schie ben	also	b
schrei ben	also	b
mö gen	also	g
sau gen	also	g
zei gen	also	g

klü ger, wil der, blon der, frem der, trü ber, mil der, mu ti ger, ge sün der, läs ti ger

Seite 25

	Mehrzahl bilden	Grundform bilden	Vergleichsstufe bilden
rund			X
es klebt		X	
der Ausflug	X		
schräg			X
das Pferd	X		
sie lag		X	
du trägst		X	
der Rand	X		
sie fragte		X	
wund			X
sie log		X	
der Korb	X		
lieb			X
grob			X
der Tag	X		

Seite 26

kurz:

Wolke, Hütte, Katze, schwimmen, Schiffe, trennen, Tante, stolpern, offen, fassen, Fenster, Gänse, Welle, Kinder

lang:

treten, Schale, Ofen, Kabel, Miete, Regen, Biene, Käfer, blöken, baden, Träne, Hüte, Flöte, leben

Seite 27

	Zwei verschiedene Konsonanten	Zwei gleiche Konsonanten	Wort
		X	Tel ler
	X		Kis te
		X	Schlüs sel
		X	Hüt te
		X	Bril le
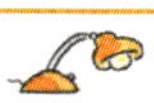	X		Lam pe
	X		Tisch
	X		Tul pe
		X	Schwamm
	X		Stem pel
		X	Wol le
	X		Wol ke
		X	Pfan ne
	X		Herz

Seite 28

rauben: die Räuberhöhle, die Räuber, räuberisch, die Räuberbande
der Traum: der Träumer, träumerisch, verträumt, träumen
kalt: erkältet, die Kälte, die Erkältung, der Kälteeinbruch
der Raum: räumlich, das Räumchen, aufräumen, die Wohnräume
raten: das Rätsel, der Verräter, die Rätselecke, rätselhaft
klar: aufgeklärt, erklären, die Kläranlage, die Erklärung

Seite 29

zum Beispiel:
Räuber – rauben, ärmlich – arm, täglich – Tag, Äste – Ast, Kälte – kalt, trägt – tragen, schläft – schlafen, Läuse – Laus, Nächte – Nacht, Zäune – Zaun, Häuser – Haus, Wärme – warm

Seite 30

das Vertrauen, verlieren, verliebt, vernünftig, das Vorurteil, vorwärts, die Enttäuschung, entdecken, das Unglück, unfair, die Ankunft, annehmen, die Abfahrt, abseits, die Freiheit, die Empfehlung, die Fröhlichkeit, mutig, ehrlich, verschwenderisch

Seite 31

Vor|rat, ver|regnet, aus|sprechen, ab|brechen, An|nahmestelle, Auf|fahrt, Ver|renkung, be|erdigen, an|nähen, ver|renken, an|nehmen, Aus|sage, Aus|stieg, Ab|biegung, Vor|runde, ab|bremsen, Ent|täuschung, be|enden, Be|erdigung, Aus|sicht, Ver|rat, ab|brennen

Seite 32

zum Beispiel:
Nomen: die Verkleidung, die Enttäuschung, das Verbrechen, die Vertretung, die Bekleidung, die Berechnung, die Berührung, die Beratung, die Abrechnung, die Ablehnung, die Endlichkeit, die Redlichkeit, die Verliebtheit

Verben: entkleiden, entlehnen, enttäuschen, enterben, entrosten, verkleiden, verrechnen, verlieben, vertreten, verrühren, verraten, bekleiden, berechnen, beenden, beerben, betreten, bereden, berühren, beraten, abrechnen, ablehnen, abbrechen, abtreten, abblasen, abraten
Adjektive: lieblich, rostig, rührig, endlich, redlich, erblich

Seite 33 Diktat

– **Verlängern:**
aufregend – aufregender, mutig – mutiger

– **Verwandte suchen:**
schwärmt – Schwarm, kämpfen – Kampf

– **Zerlegen:**
Aus | bild | ung, be | end | et

– **Den langen und kurzen Vokal unterscheiden:**
schwimmt – schwimmen, Ritter – Ritter,
stellten – stellen, Knappe – Knappe

Merken

Seite 36

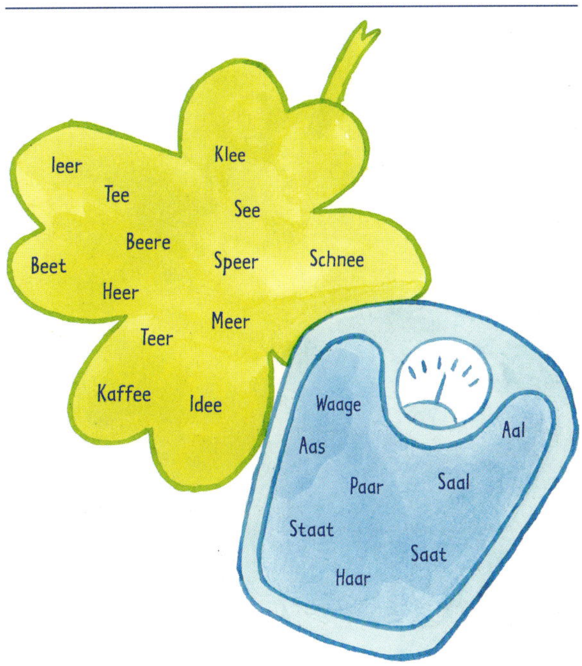

Lösungen S. 38–49

Seite 38

Nomen: Zähler, Zahlwort, Zahlung, Zahlungsmittel, Zahlenfolge, Einzahl, Nachbarzahl, Zahlenkombination
Verb: auszählen, auszahlen, bezahlen, verzählen, abzählen, zählen
Adjektiv: zählbar, zahlreich, unzählig, zahllos

Seite 39

ah/äh: Hahn, Jahr, ähnlich, kahl, Gefahr, wählen
eh: Lehrerin, zehn, mehr, nehmen, Verkehr, ehrlich
oh/öh: Bohne, Höhle, wohnen, ohne, Söhne, froh, Floh
uh/üh: Stuhl, Uhr, Bühne, berühmt, fühlen, früh

Seite 40

Personalformen: verlieren – ich verliere, du verlierst, er/sie/es verliert, wir verlieren, ihr verliert, sie verlieren
Mehrzahl und verwandte Wörter, zum Beispiel: der Vorhang, die Vorhänge, das Vorhängeschloss, die Vorhangstange, der Vorhangstoff, die Vorhangschiene
1. und 2. Vergleichsstufe und verwandte Wörter: zahm, zahmer, am zahmsten; **zum Beispiel:** die Zähmung, gezähmt, zähmen, bezähmen, zähmbar

Seite 42

Reimwörter: Paar; Tiger (oder: Igel); Verstecken, Hecken, entdecken

Nachschlagen

Seite 46

C, D, G, H, I, K, L, N, Q, T, V, W, Z
zum Beispiel: MEIN THEMA: Tiere
Aal, **B**är, **C**hamäleon, **D**achs, **E**sel, **F**uchs, **G**iraffe, **H**ase, **I**gel, **J**aguar, **K**äfer, **L**öwe, **M**aulwurf, **N**ilpferd, **O**chse, **P**ferd, **Q**ualle, **R**atte, **S**torch, **T**iger, **U**nke, **V**ogel, **W**al, **Y**ak, **Z**ebra. Ein Tier mit **X** gibt es nicht.

Seite 47

vorne: Bus, Domino, Füller, Hubschrauber, Gebiss
in der Mitte: Krokodil, Nuss, Roboter, Leiter
hinten: Trampolin, Welle, Zitrone

Seite 48

Wenn du „Das Grundschulwörterbuch“ von Duden benutzt, findest du die Wörter auf diesen Seiten, nach dem Abc geordnet: die Angst: 13, doof: 37, hierher: 73, das Huhn: 75, das Klavier: 84, lieben: 96, die Mütze: 106, nach: 106, der Ofen: 112, der Schiedsrichter: 136, das Schloss: 138, der Traum: 166, das U-Boot: 170, verlieren: 178

Seite 49

Pudel, Puffer, Puls, Pulver, pummelig, Punkt, Puppe, Püree, pusten

Seite 50

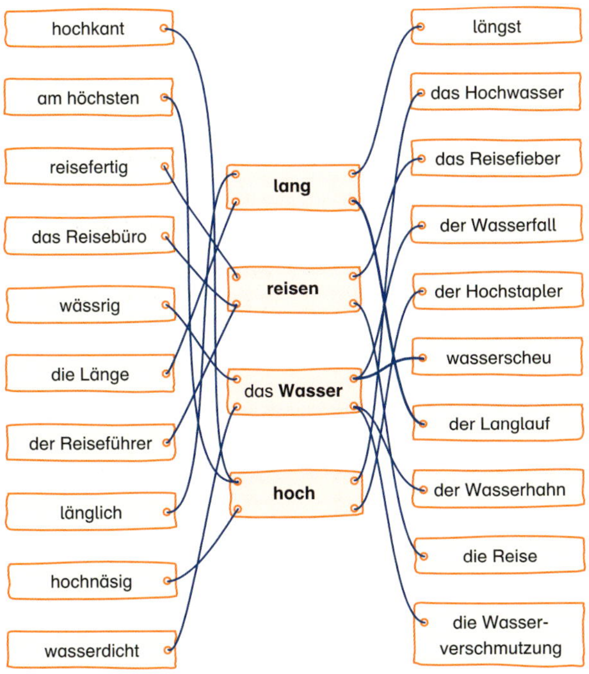

Seite 51

Suche ich unter **V/v** oder **F/f**?		
f ort	○	⊗
v erlieren	⊗	○
V ogel	⊗	○
F reude	○	⊗
V olk	⊗	○

Suche ich unter **V** oder **W**?		
V ideo	⊗	○
V ampir	⊗	○
W eizen	○	⊗
W affel	○	⊗
V ase	⊗	○

Suche ich unter **C** oder **K**?		
C lown	⊗	○
K arussell	○	⊗
C omic	⊗	○
K okosnuss	○	⊗
C ampingplatz	⊗	○

Suche ich unter **Ph** oder **F**?		
Ph arao	⊗	○
F ontäne	○	⊗
Ph antom	⊗	○
F ilz	○	⊗
Ph ysik	⊗	○

Seite 52

Wenn du „Das Grundschulwörterbuch" von Duden benutzt, findest du die Grundformen auf diesen Seiten:
lesen: 95, ziehen: 196, wissen: 192, kommen: 87, essen: 49, kriechen: 90, fliegen: 54, sehen: 145, treten: 167, sitzen: 148, waschen: 187, frieren: 56, fangen: 51, vergessen: 176

Seite 53

groß, kräftig, riesig, alt, lang, hoch, tief, klein, dick, gut

Seite 54

das Hühnchen – das Huhn,
das Lätzchen – der Latz,
die Ärztin – der Arzt, er bog – biegen,
sie empfahl – empfehlen, fitter – fit,
sie hielt – halten, am klügsten – klug,
die Kräne – der Kran,
die Nächte – die Nacht,
die Öfen – der Ofen, härter – hart,
die Schätze – der Schatz,
ich habe gesessen – sitzen,
du verdienst – verdienen

Seite 55

SOMMER|REISE|ZIELE

HIMBEER|MARMELADEN|GLAS|SCHERBEN

SONNEN|SCHUTZ|CREME|TUBEN|DECKEL

HAND|BALL|WELT|MEISTER

SPEISE|QUARK|ABLAUF|DATUM

LIEBES|LIEDER|ABEND

MEER|SCHWEINCHEN|FELL|FARBE

Lösungen S. 56–64

Seite 56

Wenn du „Das Grundschulwörterbuch" von Duden benutzt, findest du die Wörter auf diesen Seiten:

- Zimt|stern: S. 197, S. 155
- eis|kalt: S. 43, S. 80
- Ab|sprung: S. 8, S. 152
- Löwen|mähne: S. 97, S. 98
- Wald|weg: S. 186, S. 188
- klein|kariert: S. 85, S. 81
- Hinter|rad|bremse: S. 74, S. 122, S. 30
- Windel|eimer|deckel: S. 191, S. 41, S. 34
- Meer|wasser|becken: S. 100, S. 187, S. 21
- Bunt|specht: S. 32, S. 151
- Kopf|stein|pflaster: S. 88, S. 155, S. 116
- gift|grün: S. 65, S. 68
- honig|gelb: S. 75, S. 61
- Scheiben|wisch|anlage: S. 135, S. 192, S. 13
- Feuer|salamander: S. 53, S. 132
- Unter|wasser|taucher: S. 172, S. 187, S. 162

Seite 57

Wenn du „Das Grundschulwörterbuch" von Duden benutzt, sieht so die Lösung aus:

ja: Umleitung, Entwarnung, loslassen, Abfahrt, entführen, umleiten, Zufall, verirren

nein: verschmieren ➔ schmieren, verschieben ➔ schieben, Zufahrt ➔ Fahrt, enterben ➔ erben, zerfließen ➔ fließen, aufstehen ➔ stehen, ungemütlich ➔ gemütlich, zuzwinkern ➔ zwinkern

Seite 58

Xylofon, Karussell, Satellit, Marionette, Quadrat, Spagat, Labyrinth, Jalousie, Zylinder, Shampoo, Hyazinthe, Hydrant

Seite 59 Diktat

Vier, Zebra, Giraffen, quer, Pinguin, Bauch, Aquarium, Qualle, zehn, Schlange, Zunge

Kontrollieren

Seite 63

Ich verlängere das Wort, um den Laut am Ende des Wortes besser zu hören: Sommerkleid – Sommerklei**d**er

Ich entscheide: kurzer oder langer Vokal? Auf einen kurzen Vokal folgen meistens zwei Konsonanten: überschri**tt**en

Wörter mit dem Wortbaustein ung **sind Nomen. Ich schreibe sie groß:** Unord**nung**

Ich suche ein verwandtes Wort mit au: r**äu**mt – der R**au**m

Ich zerlege das Wort. Den Wortbaustein ver **muss ich mir merken:** **ver**streut

Wörter mit doppeltem Vokal muss ich mir merken: Id**ee**

Seite 64

6. 11. 2008

Lieber Herr Lehmann,

die ganze Klasse 4 findet es toll, dass wir ~~ihren~~ Ihren Verlag besuchen dürfen. Wir sind sehr gespannt, was ~~sie~~ Sie uns über die Herstellung ~~ihrer~~ Ihrer Tageszeitung erzählen und zeigen können.

Wir werden am Montag, den 17. 11. 2008, pünktlich um 15 Uhr in ~~ihrer~~ Ihrer Redaktion sein. Besonders interessiert uns, wie die Sportseiten entstehen und woher ~~sie~~ Sie die passenden Bilder bekommen.

Wir werden ~~ihnen~~ Ihnen aufmerksam zuhören.

Viele Grüße

Nils Bucher und die Kinder der Klasse 4

der Pestalozzischule

Seite 65

Büch[e]r, Adventsk[r]anz, Geburtstag[s]torte, du schim[p]fst, Kartoff[e]lsalat, Spa[r]gelschäler, er remp[e]lt, Ga[r]ten, Briefma[r]ken, Sp[r]ingseil, Mant[e]l, ach[t]zehn, aussuch[e]n

Seite 66

Kuchengab[e]l – Kuchengabel

Winter[r]eise – Winterreise

abbrech[e]n – abbrechen

Ke[r]zenleuchter – Kerzenleuchter

Unter[r]icht – Unterricht

Kellert[r]eppe – Kellertreppe

Katz[e]nfutter – Katzenfutter

Rase[n]mäher – Rasenmäher

Marmeladeng[l]as – Marmeladenglas

Blum[e]ntopf – Blumentopf

Jahresz[e]iten – Jahreszeiten

Klassena[r]beitsheft – Klassenarbeitsheft

Seite 67

Der Wasserfrosch lebt ständig im und am Wasser. Ab Oktober verkriecht [1] sich tief in Laub und Schlamm. Er bleibt dort mehrere [2] bewegungslos liegen. In dieser Zeit [3] er nichts. Die Luft zum Atmen nimmt er [4] die Haut auf. Seine Winterruhe endet im Frühling. Die ersten warmen Tage verwandeln den starren Frosch in ein [5] Tier am Teich. Bald [6] er wieder laut quaken. Dann kann man ihn [7] den Seerosenblättern sitzen sehen und beim [8] von Insekten beobachten.

1 er, 2 Monate, 3 frisst, 4 über, 5 springlebendiges, 6 wird, 7 auf, 8 Jagen

Seite 68

~~Fiele~~ Viele Menschen halten in ihrer ~~Wonung~~ Wohnung ein Tier. ||

Katzen und Hunde ~~zälen~~ zählen zu den ~~belibtesten~~ beliebtesten Haustieren. ||

Sie ~~sint~~ sind aber nicht ~~überat~~ überall erlaubt. ||

Hamster und ~~Meerschweinschen~~ Meerschweinchen darf man fast in |

jeder ~~wohnung~~ Wohnung halten. |

~~Welensittiche~~ Wellensittiche stören auch keine ~~Nachtbarschaft~~ Nachbarschaft. ||

Auch ~~fische gehöhren~~ Fische gehören zu den ruhigen Haustieren. ||

~~Gereuschlos~~ Geräuschlos gleiten sie ~~druchs~~ durchs Wasser. ||

Aber streicheln ~~kan~~ kann man sie ~~lieder~~ leider nicht. ||

Seite 69 Diktat

können, setzen, Antennen, wenn, Gezwitscher, Brut, fliegen, still

Fachbegriffe

Selbstlaut	Vokal	a, e, i, o, u
Mitlaut	Konsonant	b, c, d, f …
Umlaut		ä, ö, ü
Doppellaut		ei, ai, au, äu, eu
Namenwort	Nomen, Substantiv	Übung
Begleiter	Artikel	der, die, das, ein, eine
Einzahl	Singular	die Übung
Mehrzahl	Plural	die Übungen
Fürwort	Pronomen	sie, ihr …
Tuwort, Tunwort	Verb	
Grundform		turnen
Personalform		ich turne, du turnst …
Gegenwart		er turnt
Vergangenheit		er turnte, er hat geturnt
Zukunft		er wird turnen
Wiewort	Adjektiv	
Grundstufe		schwierig
1. Vergleichsstufe		schwieriger
2. Vergleichsstufe		am schwierigsten
Verhältniswort		auf, an, in …
Bindewort		und, oder, obwohl …
Wortbausteine		[ver]nünft[ig], [Ent]täusch[ung]

Kontrollkarte zum Ausschneiden

Schneide die Karte aus, falte sie an der gestrichelten Linie und klebe die unbedruckten Seiten zusammen.
Deine fertige Kontrollkarte kannst du als Lesezeichen in dein Buch legen, dann hast du sie immer gleich zur Hand, wenn du sie brauchst.

1 **Ich lese den ganzen Text von vorne nach hinten.**
Fehlt ein Wort?
Fehlt ein Satzzeichen?
Ist jeder Satz sinnvoll?

Ich lese Wort für Wort von hinten nach vorne. 2

Kontrollkarte

1 **Ich lese den ganzen Text Wort für Wort von vorne nach hinten.**

2 **Ich lese Wort für Wort von hinten nach vorne.**
Fehlt ein Buchstabe?
Stimmt die Reihenfolge der Buchstaben?
Ich markiere Wörter, bei denen ich unsicher bin.

3 **Ich prüfe die markierten Wörter.**
Ist das Wort ein Nomen?
Kann ich das Wort verlängern?
Kann ich das Wort zerlegen?
Gibt es ein verwandtes Wort?

4 **Ich schlage im Wörterbuch nach, wenn ich mir nicht sicher bin.**